पात्र परिचय

चंचल फ्लफी

फरी द बिल्ली

चिड़िया

फ़ीफ़ी द ख़रगोश

गिलहरी

काया द ह्यूमन

यह कहानी है फ्लफी की।
वो बहुत प्यारा और चंचल है।
उसे दिन भर बाहर खेलना
अच्छा लगता है।

उसके पास कई खिलौने भी हैं।
पर उसके सभी खिलौनों में से
उसे सबसे पसंद है... उसकी
बड़ी, गोल-गोल, उछालने वाली,
रंग-बिरंगी गेंद।

फ्लफी अपने घर के अंदर आया और उसने अपनी दोस्त फरी को देखा। फरी सो रही थी, फ्लफी ने फरी के सामने कूदकर उसे जगा दिया।

फरी उठी, गेंद देखकर खुश हो गई। उसने कहा- यह गेंद तो बहुत सुंदर है।

फ्लफी और फरी पास के एक पार्क में खेलने चले गये।
उन्होंने अपनी गेंद से खेलना शुरू किया।
दोनों को बहुत मज़ा आ रहा था।
तभी वहाँ एक ख़रगोश आया।
वह छुपकर उनकी गेंद देख रहा था।

फ्लफी ने ख़रगोश का नाम पूछा।
ख़रगोश ने अपना नाम फ़ीफ़ी बताया।
वह भी सबके साथ खेलना चाहता था।

फ्लफी, फरी और फ़ीफ़ी साथ में खेलने लगे।

थोड़ी ही देर में उन्होंने देखा कि एक चिड़िया,
एक तितली और एक नन्ही गिलहरी भी
उनकी गेंद का पीछा कर रही थीं।
तीनों दोस्त यह देखकर मुस्कुराए।

तभी बारिश शुरू हो गई।
सभी दोस्त घर जाना चाहते थे।
लेकिन फ्लफी को अभी और खेलना था।
उसने सबको रोक लिया और फिर
सभी दोस्तों ने बारिश में खूब मज़े किए।

लेकिन जल्द ही उन्हें ढूँढते हुए कोई आया।
उनकी प्यारी ह्यूमन दोस्त- काया।
काया ने दोनों को प्यार से डाँट लगायी।
और फिर फ्लफी और फरी को गोद में
उठाकर वापस घर ले गई।